AF221983

Impressum
Verlag: BABADADA GmbH, Nedderfeld 112 , 22529 Hamburg
Geschäftsführer / Verlagsleitung: Harald Hof
Druck: Books on Demand GmbH, In de Tarpen 42, 22848 Norderstedt

Imprint
Publisher: BABADADA GmbH, Nedderfeld 112 , 22529 Hamburg, Germany
Managing Director / Publishing direction: Harald Hof
Print: Books on Demand GmbH, In de Tarpen 42, 22848 Norderstedt, Germany

школа
school

классная комната
klaslokaal

делить
delen

186/2

доска
bord

школьный двор
schoolplein

учитель
leraar

бумага
papier

писать
schrijven

ручка
pen

письменный стол
bureau

линейка
lineaal

книга
boek

ученик
leerling

ранец
schooltas

пенал
etui

карандаш
potlood

точилка
puntenslijper

ластик
gum

альбом для рисования
schetsblok

рисунок

tekening

кисточка

penseel

коробка красок

verfdoos

ножницы

schaar

клей

lijm

тетрадь

schrift

домашняя работа

huiswerk

цифра

getal

прибавлять

optellen

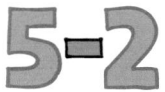

вычитать

aftrekken

умножать

vermenigvuldigen

считать

rekenen

буква

letter

алфавит

alfabet

слово

woord

текст

tekst

читать

lezen

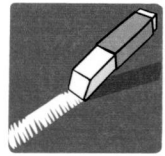

мел

krijt

урок

les

классный журнал

klassenboek

экзамен

examen

диплом

diploma

школьная форма

schooluniform

образование

opleiding

энциклопедия

encyclopedie

университет

universiteit

микроскоп

microscoop

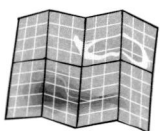

карта

kaart

корзина для бумаг

prullenmand

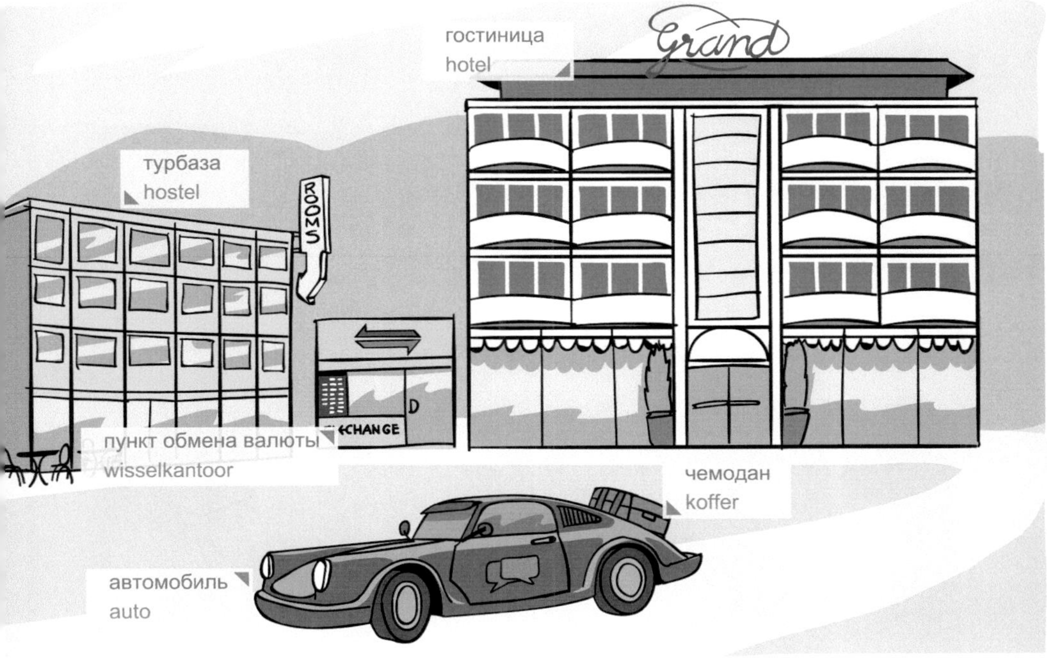

гостиница
hotel
Grand
турбаза
hostel
ROOMS
пункт обмена валюты
wisselkantoor
EXCHANGE
чемодан
koffer
автомобиль
auto

язык

taal

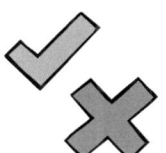

да / нет

ja / nee

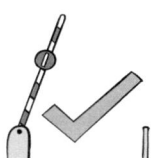

хорошо

oké

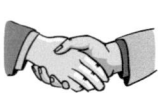

Привет

Hallo!

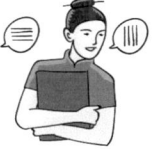

переводчик

tolk

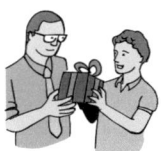

Спасибо

Bedankt.

Сколько стоит…?

Wat kost ...?

Я не понимаю

Ik begrijp het niet.

проблема

probleem

Добрый вечер!

Goedenavond!

Доброе утро!

Goedemorgen!

Доброй ночи!

Goedenacht!

До свидания

Tot ziens!

направление

richting

багаж

bagage

сумка

tas

рюкзак

rugzak

гость

gast

комната

kamer

спальный мешок

slaapzak

палатка

tent

туристическая
информация
VVV-kantoor

пляж
strand

кредитная карточка
creditkaart

завтрак
ontbijt

обед
lunch

ужин
diner

билет
kaartje

лифт
lift

почтовая марка
postzegel

граница
grens

таможня
douane

посольство
ambassade

виза
visum

паспорт
paspoort

транспорт
transport

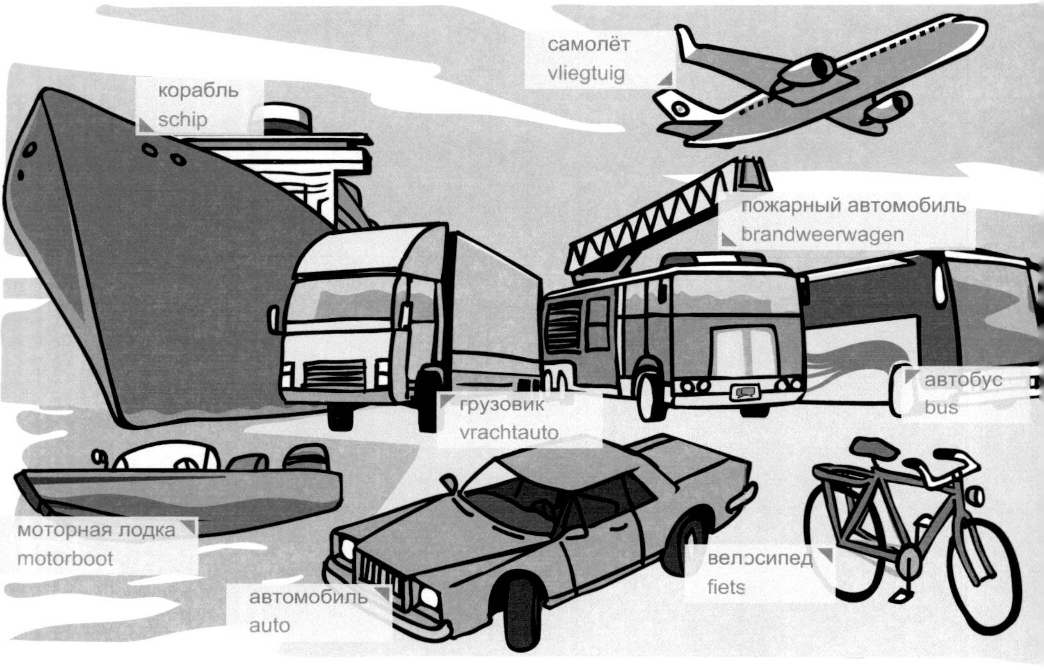

корабль
schip

самолёт
vliegtuig

пожарный автомобиль
brandweerwagen

грузовик
vrachtauto

автобус
bus

моторная лодка
motorboot

автомобиль
auto

велосипед
fiets

паром

veerboot

лодка

boot

мотоцикл

motorfiets

полицейский автомобиль

politiewagen

гоночный автомобиль

raceauto

арендованный
автомобиль
huurauto

овместное пользование
автомобилями

carsharing

буксировочный
автомобиль
takelwagen

мусоровоз

vuilniswagen

двигатель

motor

топливо

benzine

заправка

benzinepomp

дорожный знак

verkeersbord

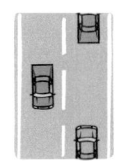

движение

verkeer

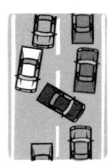

пробка

file

автостоянка

parkeerplaats

вокзал

station

рельсы

rails

поезд

trein

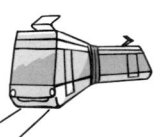

трамвай

tram

вагон

wagon

вертолёт

helikopter

аэропорт

luchthaven

вышка

toren

пассажир

passagier

контейнер

container

коробка

verhuisdoos

тележка

kar

корзина

mand

ззлетать / приземляться

opstijgen / landen

город

stad

деревня

dorp

центр города

stadscentrum

дом

huis

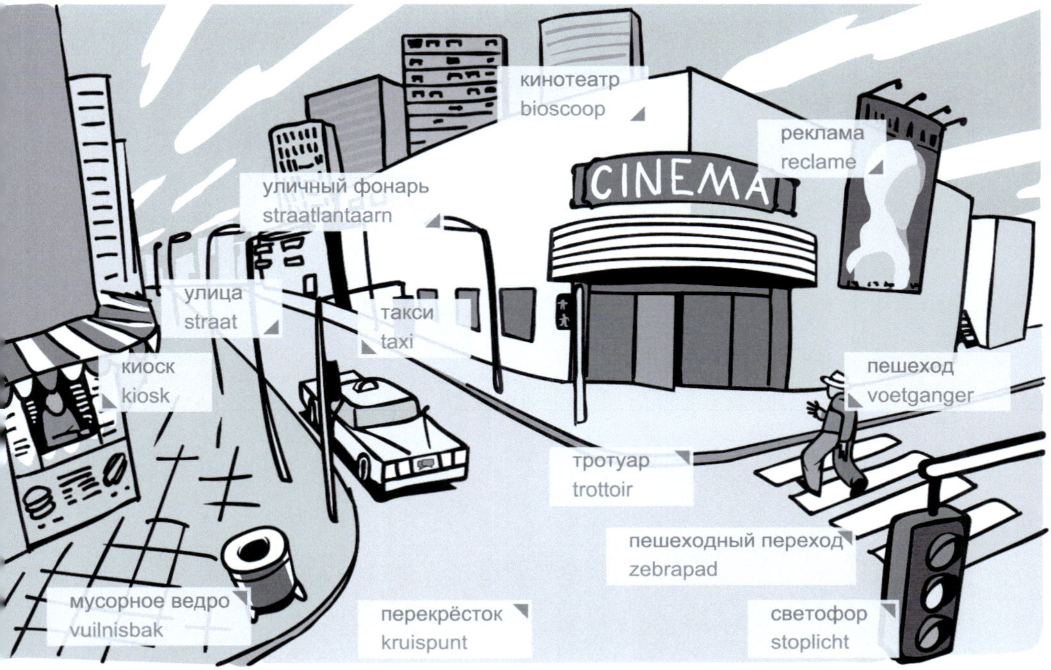

кинотеатр
bioscoop

реклама
reclame

уличный фонарь
straatlantaarn

улица
straat

такси
taxi

CINEMA

киоск
kiosk

пешеход
voetganger

тротуар
trottoir

мусорное ведро
vuilnisbak

пешеходный переход
zebrapad

перекрёсток
kruispunt

светофор
stoplicht

хижина

hut

квартира

appartement

вокзал

station

ратуша

stadhuis

музей

museum

школа

school

университет

universiteit

банк

bank

больница

ziekenhuis

гостиница

hotel

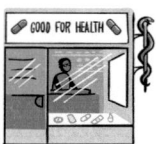

аптека

apotheek

офис

kantoor

книжный магазин

boekenwinkel

магазин

winkel

цветочный магазин

bloemenwinkel

супермаркет

supermarkt

рынок

markt

универмаг

warenhuis

торговец рыбой

visboer

торговый центр

winkelcentrum

порт

haven

парк

park

скамейка

bank

мост

brug

лестница

trap

метро

metro

тоннель

tunnel

автобусная остановка

bushalte

бар

bar

ресторан

restaurant

почтовый ящик

brievenbus

табличка с названием
улицы

straatnaambord

паркометр

parkeermeter

зоопарк

dierentuin

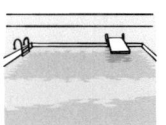

бассейн

zwembad

мечеть

moskee

ферма
....
boerderij

загрязнение окружающей
среды
....
vervuiling

кладбище
....
begraafplaats

церковь
....
kerk

детская площадка
....
speelplaats

храм
....
tempel

ландшафт
landschap

лист
blad

дорожный указатель
wegwijzer

дорога
weg

луг
weide

камень
steen

дерево
boom

путешественник
wandelaar

река
rivier

трава
gras

цветок
bloem

долина

vallei

гора

berg

озеро

meer

лес

bos

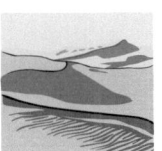

пустыня

woestijn

вулкан

vulkaan

замок

kasteel

радуга

regenboog

гриб

paddenstoel

пальма

palmboom

комар

mug

муха

vlieg

муравей

mier

пчела

bij

паук

spin

жук

kever

лягушка

kikker

белка

eekhoorn

еж

egel

заяц

haas

сова

uil

птица

vogel

лебедь

zwaan

кабан

wild zwijn

олень

hert

лось

eland

плотина

stuwdam

ветряной генератор

windmolen

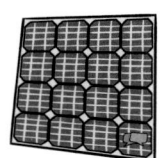

солнечная батарея

zonnepaneel

климат

klimaat

ресторан
restaurant

официант
ober
меню
menu
стул
stoel
суп
soep
пицца
pizza
столовые приборы
bestek
скатерть
tafelkleed

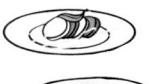

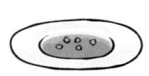

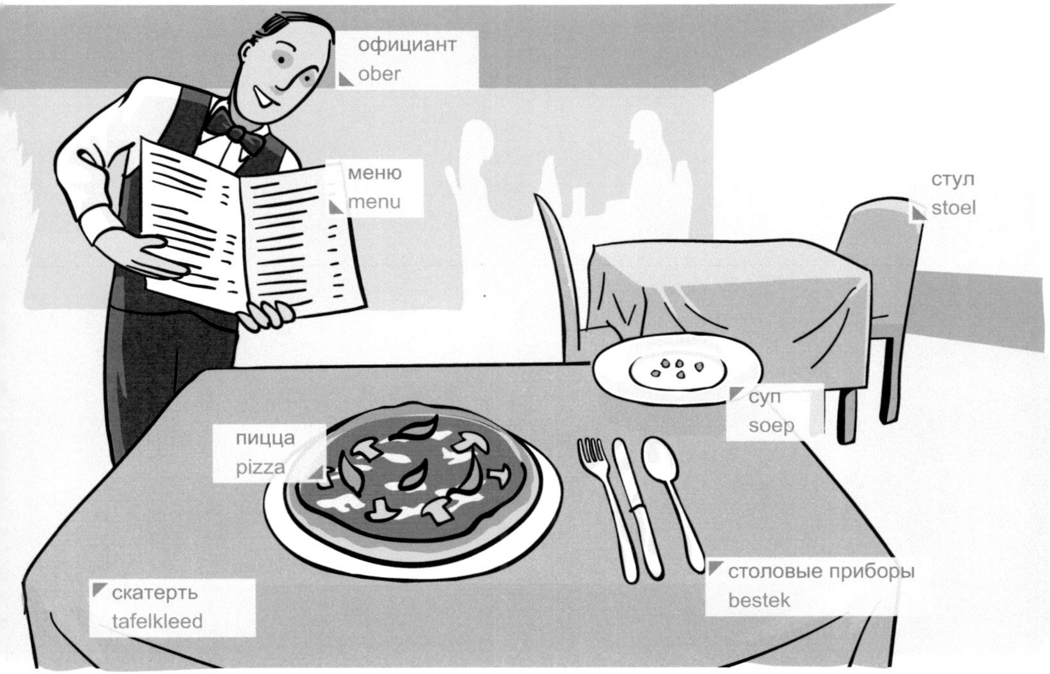

закуска

voorgerecht

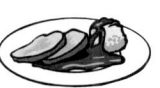

главное блюдо

hoofdgerecht

десерт

toetje

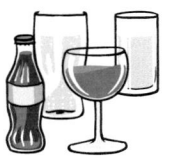

напитки

dranken

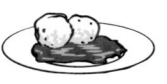

еда

eten

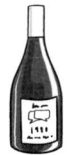

бутылка

fles

фастфуд

fastfood

уличная еда

eetkraampje

чайник

theepot

сахарница

suikerpot

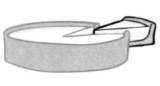

порция

portie

кофеварка

espressomachine

детский стульчик

kinderstoel

счет

rekening

поднос

dienblad

нож

mes

вилка

vork

ложка

lepel

чайная ложка

theelepel

салфетка

servet

стакан

glas

ресторан - restaurant

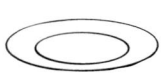

тарелка

bord

суповая тарелка

soepbord

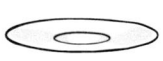

блюдце

schotel

соус

saus

солонка

zoutvaatje

мельница для перца

pepermolen

уксус

azijn

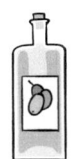

масло

olie

специи

kruiden

кетчуп

ketchup

горчица

mosterd

майонез

mayonaise

супермаркет
supermarkt

специальное предложение
aanbieding
FOR
покупатель
klant
молочные продукты
zuivelproducten
фрукты
fruit
тележка для покупок
winkelwagen

BUTCHERS

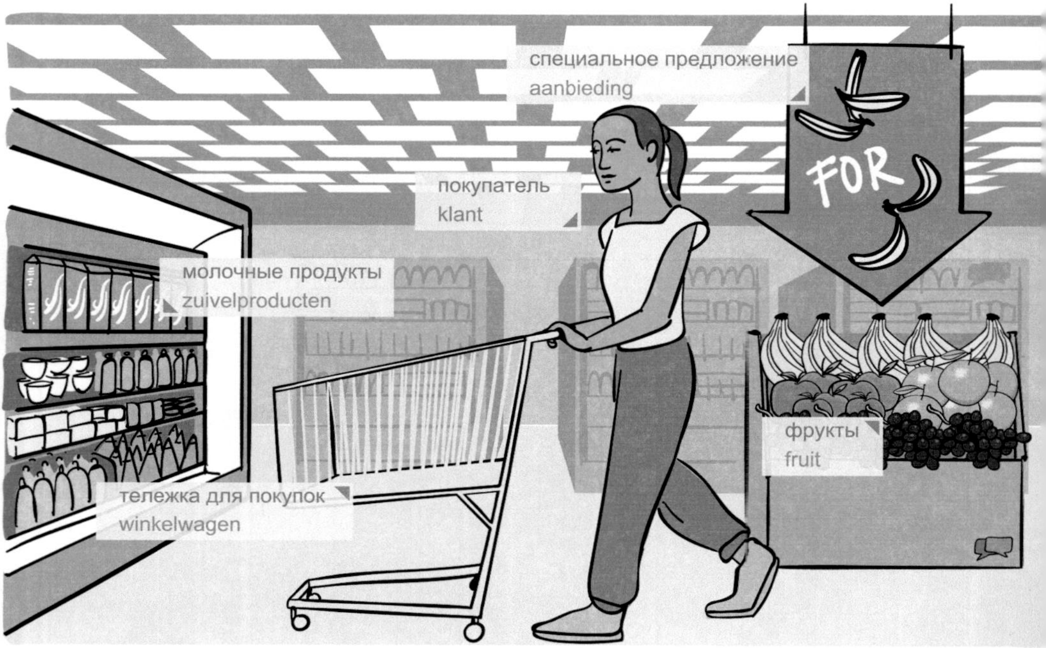

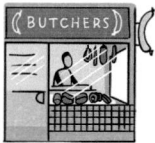

мясной магазин

slager

BAKERY

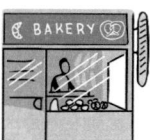

пекарня

bakkerij

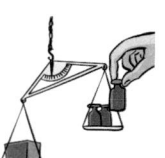

взвешивать

wegen

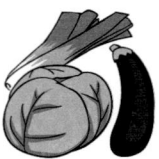

овощи

groente

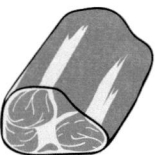

мясо

vlees

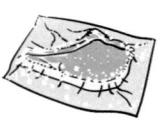

быстрозамороженные продукты

diepvriesproducten

нарезка

vleeswaren

консервы

conserven

стиральный порошок

wasmiddel

сладости

snoepgoed

предмет домашнего обихода

huishoudelijke artikelen

моющее средство

schoonmaakmiddel

продавщица

verkoopster

касса

kassa

кассир

kassier

список покупок

boodschappenlijstje

время работы

openingstijden

бумажник

portefeuille

кредитная карточка

creditkaart

сумка

tas

полиэтиленовый пакет

plastic zak

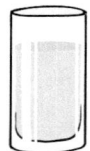

вода

water

сок

sap

молоко

melk

кока-кола

cola

вино

wijn

пиво

bier

алкоголь

alcohol

какао

chocolademelk

чай

thee

кофе

koffie

эспрессо

espresso

капучино

cappuccino

банан

banaan

яблоко

appel

апельсин

sinaasappel

арбуз

watermeloen

лимон

citroen

морковь

wortel

чеснок

knoflook

бамбук

bamboe

лук

ui

гриб

paddenstoel

орехи

noten

лапша

pasta

спагетти

spaghetti

рис

rijst

салат

salade

картофель фри

friet

жареный картофель

gebakken aardappelen

пицца

pizza

гамбургер

hamburger

сэндвич

sandwich

шницель

schnitzel

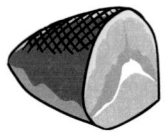

ветчина

ham

салями

salami

колбаса

worst

курица

kip

жаркое

gebraad

рыба

vis

овсяные хлопья

havermout

мюсли

muesli

кукурузные хлопья

cornflakes

мука

meel

круассан

croissant

булочка

broodjes

хлеб

brood

тост

toast

печенье

koekjes

масло

boter

творог

kwark

пирог

taart

яйцо

ei

яичница

gebakken ei

сыр

kaas

мороженое

ijs

сахар

suiker

мёд

honing

мармелад

jam

крем с нугой

chocoladepasta

карри

kerrie

ферма
boerderij

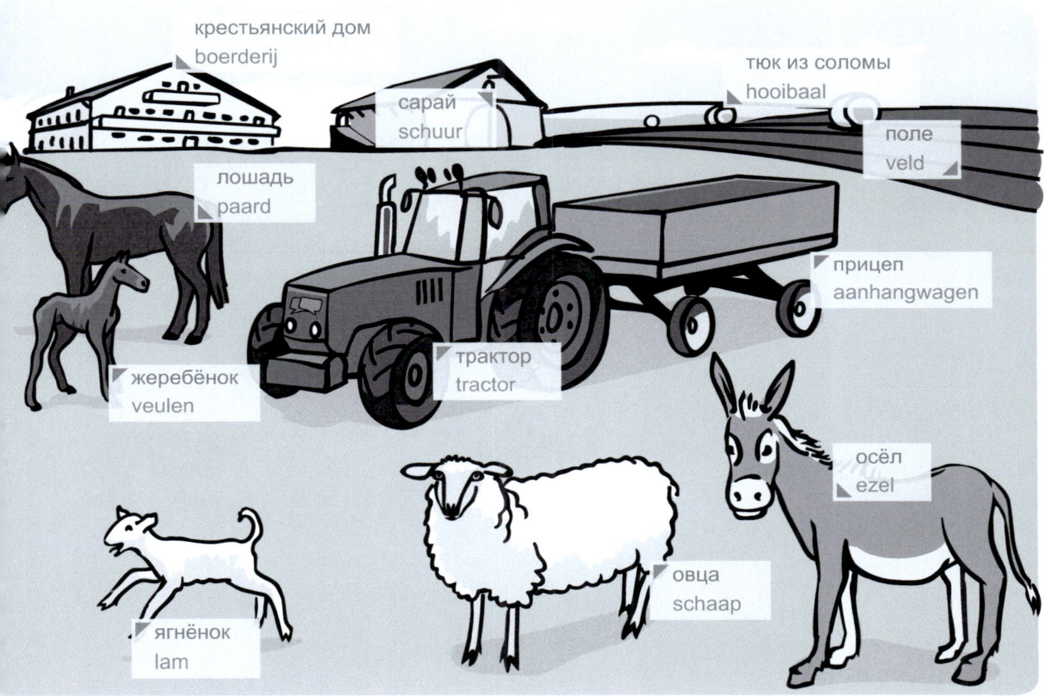
крестьянский дом
boerderij
тюк из соломы
hooibaal
сарай
schuur
поле
veld
лошадь
paard
прицеп
aanhangwagen
трактор
tractor
жеребёнок
veulen
осёл
ezel
овца
schaap
ягнёнок
lam

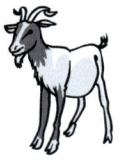

коза

geit

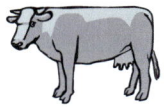

корова

koe

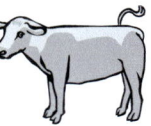

телёнок

kalf

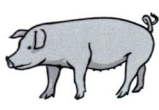

свинья

varken

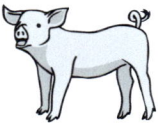

поросёнок

big

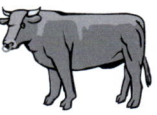

бык

stier

гусь

gans

утка

eend

цыплёнок

kuiken

курица

kip

петух

haan

крыса

rat

кошка

kat

мышь

muis

вол

os

собака

hond

конура

hondenhok

садовый шланг

tuinslang

лейка

gieter

коса

zeis

плуг

ploeg

серп

sikkel

мотыга

schoffel

навозные вилы

hooivork

топор

bijl

тачка

kruiwagen

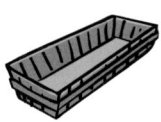

корыто

trog

бидон для молока

melkbus

мешок

zak

забор

hek

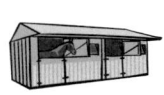

хлев

stal

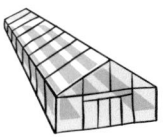

теплица

broeikas

почва

grond

посев

zaad

удобрение

mest

комбайн

maaidorser

собирать урожай

oogsten

урожай

oogst

ямс

yam

пшеница

tarwe

соя

soja

картофель

aardappel

кукуруза

maïs

рапс

koolzaad

фруктовое дерево

fruitboom

маниок

maniok

злаки

granen

дом

huis

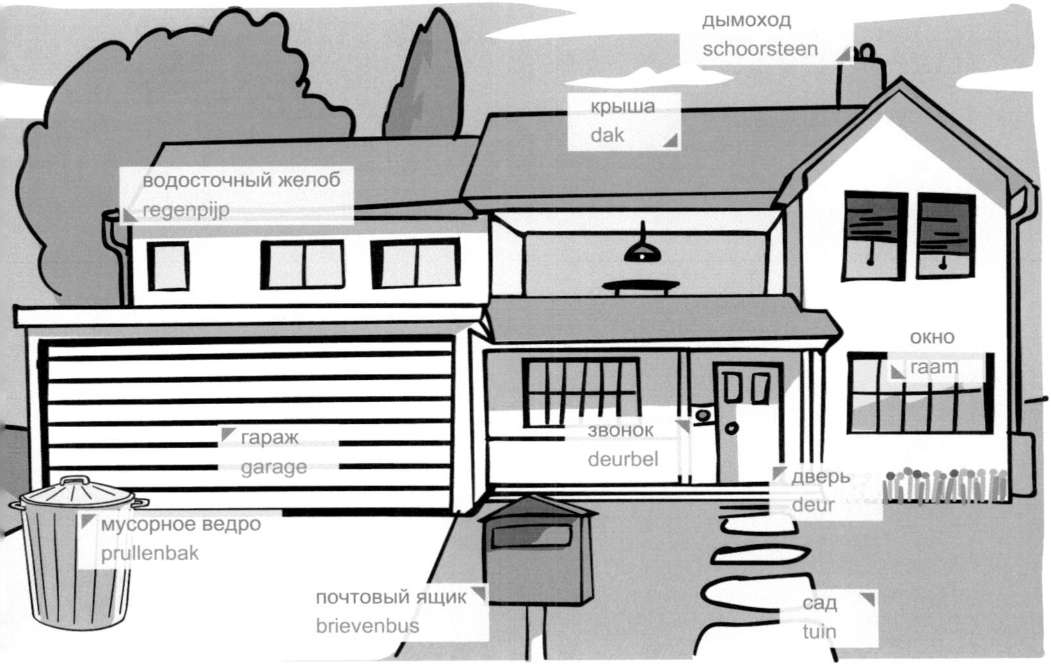

дымоход
schoorsteen
крыша
dak
водосточный желоб
regenpijp
окно
raam
гараж
garage
звонок
deurbel
дверь
deur
мусорное ведро
prullenbak
почтовый ящик
brievenbus
сад
tuin

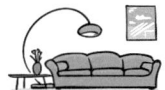

гостиная

woonkamer

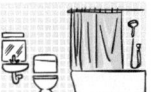

ванная комната

badkamer

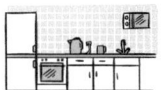

кухня

keuken

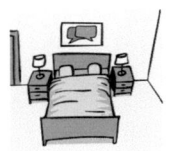

спальня

slaapkamer

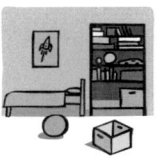

детская комната

kinderkamer

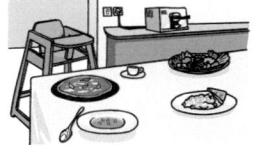

столовая

eetkamer

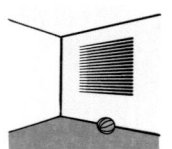

пол
vloer

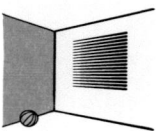

стена
muur

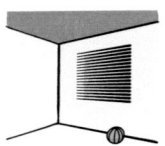

потолок
plafond

подвал
kelder

сауна
sauna

балкон
balkon

терраса
terras

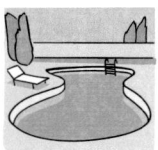

бассейн
zwembad

газонокосилка
grasmaaier

пододеяльник
laken

покрывало
bedsprei

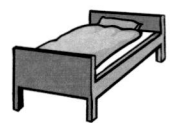

кровать
bed

метла
bezem

ведро
emmer

выключатель
schakelaar

гостиная

woonkamer

обои
behang
рисунок
foto
лампа
lamp
полка
plank
шкаф
kast
телевизор
televisie
камин
open haard
цветок
bloem
подушка
kussen
диван
bankstel
ваза
vaas
пульт дистанционного управления
afstandsbediening

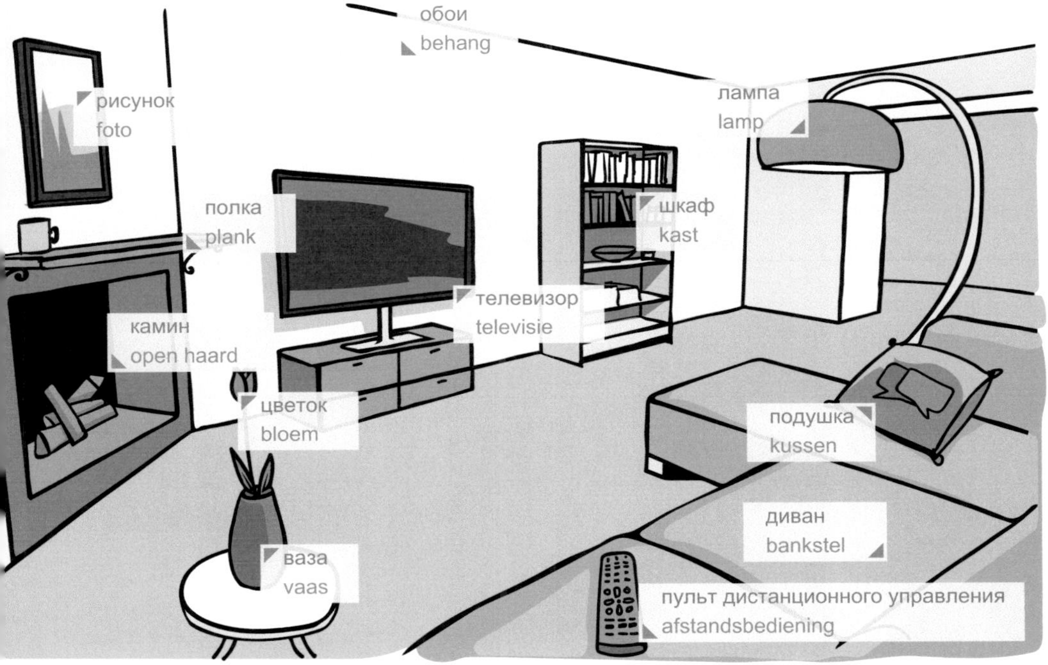

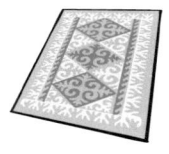

ковёр

tapijt

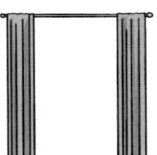

штора

gordijn

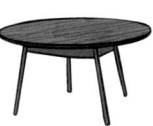

стол

tafel

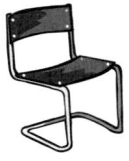

стул

stoel

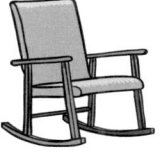

кресло-качалка

schommelstoel

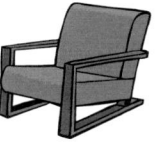

кресло

stoel

книга

boek

покрывало

deken

украшение

decoratie

дрова

brandhout

фильм

film

стереосистема

stereo-installatie

ключ

sleutel

газета

krant

картина

schilderij

плакат

poster

радио

radio

блокнот

kladblok

пылесос

stofzuiger

кактус

cactus

свеча

kaars

кухня
keuken

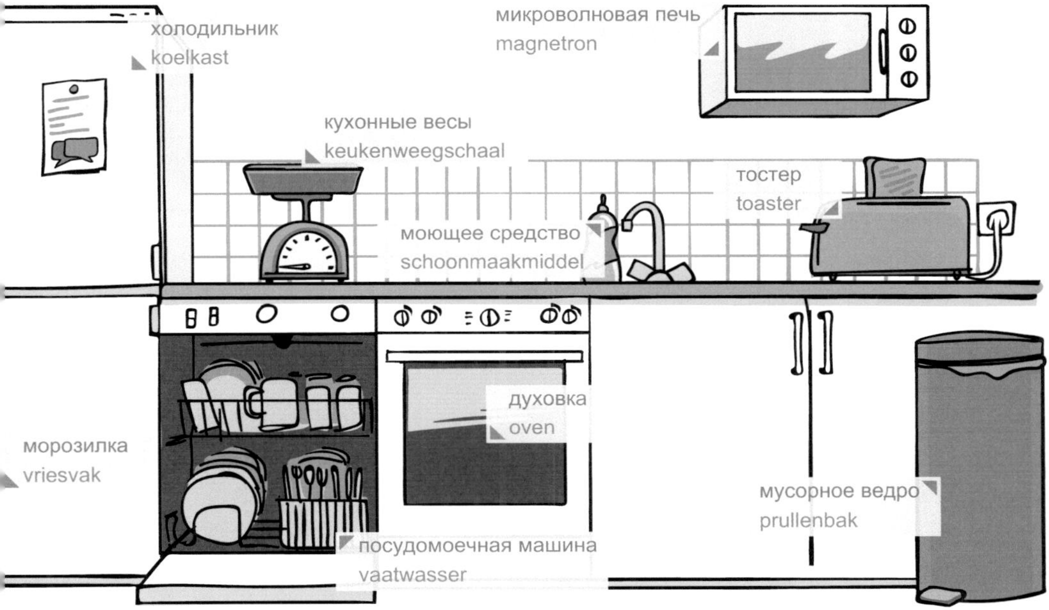
холодильник
koelkast
микроволновая печь
magnetron
кухонные весы
keukenweegschaal
тостер
toaster
моющее средство
schoonmaakmiddel
духовка
oven
морозилка
vriesvak
мусорное ведро
prullenbak
посудомоечная машина
vaatwasser

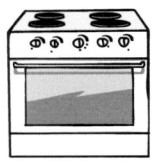

плита

fornuis

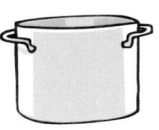

кастрюля

pan

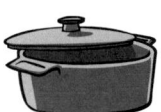

чугунный котелок

gietijzeren pan

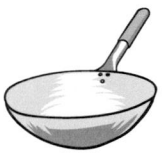

вок / кадай

wok / kadai

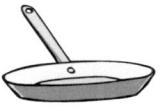

сковорода

koekenpan

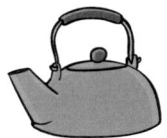

чайник

ketel

пароварка

stoomkoker

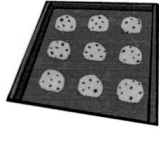

противень

bakplaat

посуда

servies

кружка

beker

миска

kom

палочки для еды

eetstokjes

половник

soeplepel

лопатка

spatel

сбивалка

garde

сито

vergiet

сито

zeef

тёрка

rasp

ступка

vijzel

гриль

barbecue

костёр

vuurhaard

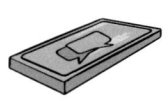

доска

snijplank

скалка

deegroller

штопор

kurkentrekker

жестяная банка

blik

консервный нож

blikopener

прихватка

pannenlap

раковина

wasbak

щетка

borstel

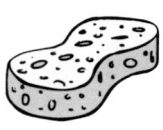

губка

spons

миксер

blender

морозильная камера

vriezer

бутылочка для кормления

babyflesje

кран

kraan

ванная комната
badkamer

отопление
verwarming
полотенце
handdoek
душ
douche
душевая занавеска
douchegordijn
пенистая ванна
bubbelbad
ванна
bad
стакан
glas
стиральная машина
wasmachine
кран
kraan
плитка
tegels
горшок
potje
раковина
wasbak

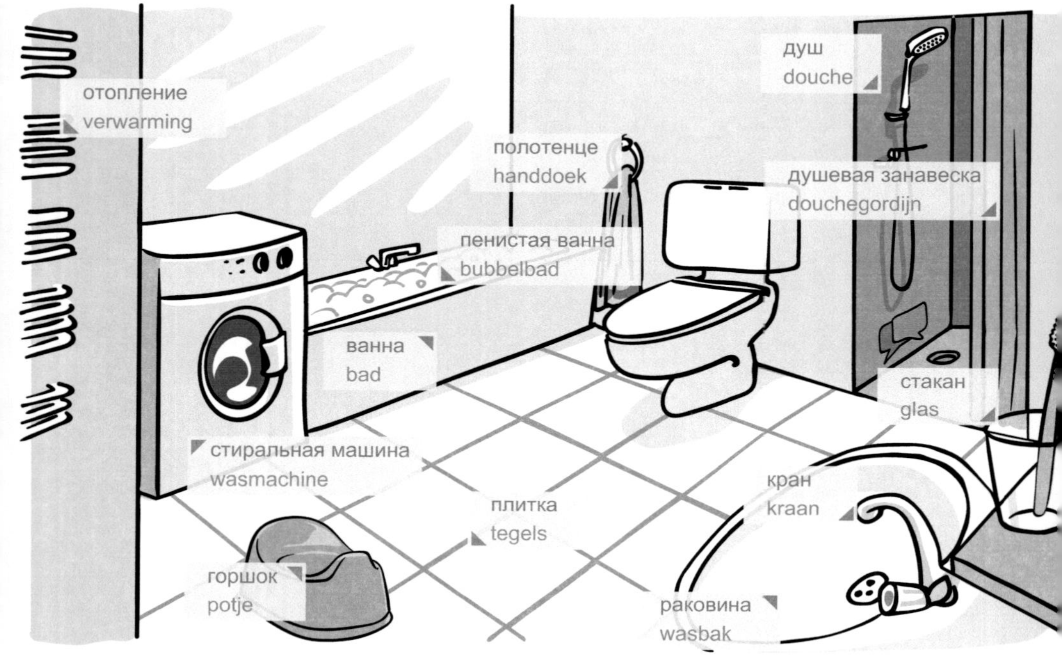

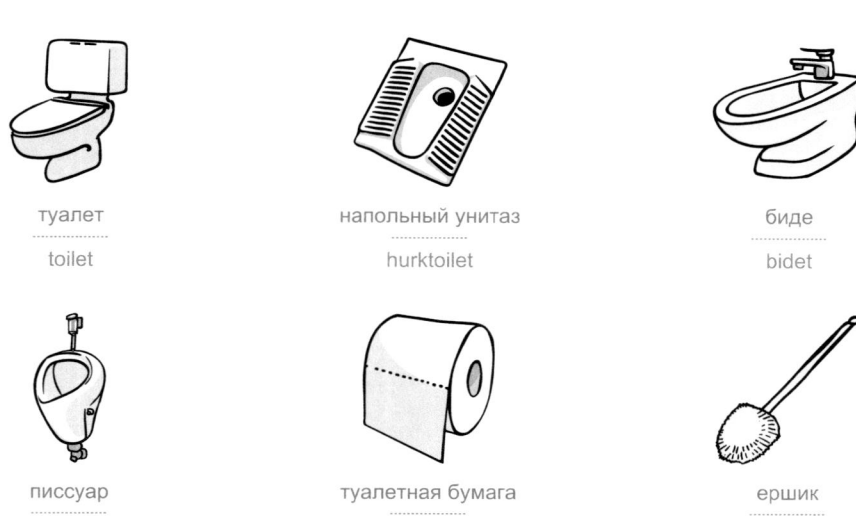

туалет

toilet

напольный унитаз

hurktoilet

биде

bidet

писсуар

urinoir

туалетная бумага

toiletpapier

ершик

toiletborstel

зубная щетка

tandenborstel

зубная паста

tandpasta

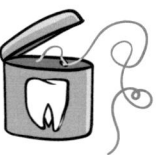

зубная нить

flosdraad

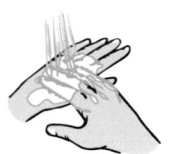

мыть

wassen

ручной душ

handdouche

интимный душ

toiletdouche

таз

waskom

щетка для спины

rugborstel

мыло

zeep

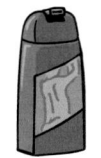

гель для душа

douchegel

шампунь

shampoo

мочалка

washanje

сток

afvoer

крем

creme

дезодорант

deodorant

зеркало

spiegel

ручное зеркало

make-upspiegel

бритва

scheermes

пена для бритья

scheerschuim

лосьон после бритья

aftershave

расческа

kam

щетка

borstel

фен

haardroger

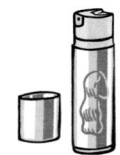

лак для волос

haarspray

косметика

make-up

губная помада

lippenstift

лак для ногтей

nagellak

вата

watten

маникюрные ножницы

nagelschaartje

духи

parfum

косметичка

toilettas

табуретка

kruk

весы

weegschaal

халат

badjas

резиновые перчатки

rubber handschoenen

тампон

tampon

игиеническая прокладка

maandverband

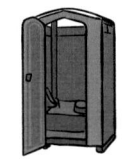

биотуалет

chemisch toilet

детская комната
kinderkamer

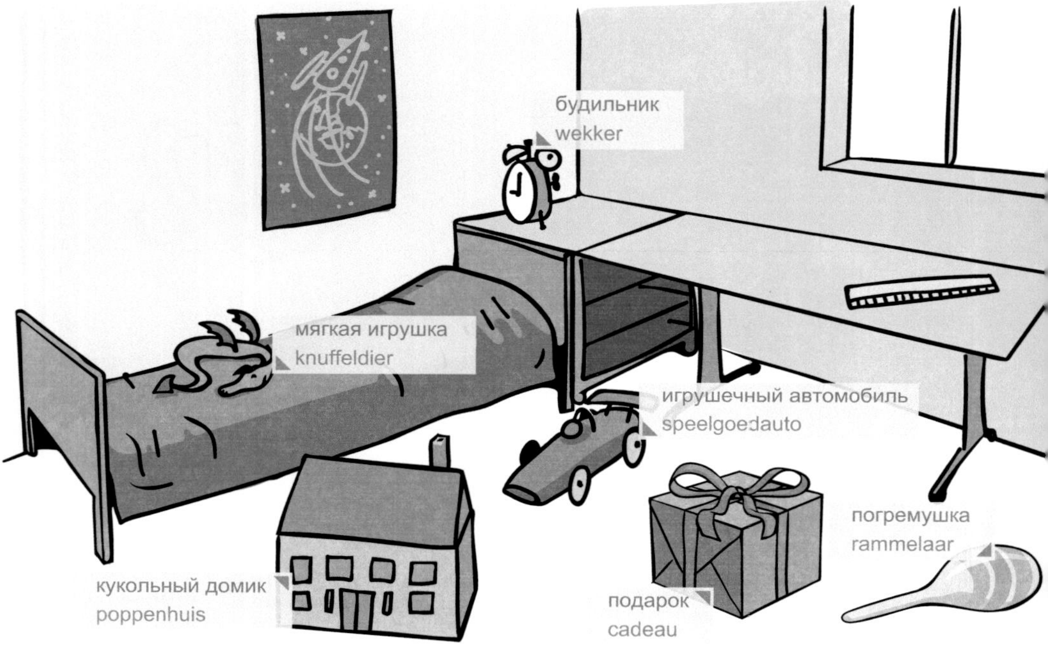
будильник
wekker
мягкая игрушка
knuffeldier
игрушечный автомобиль
speelgoedauto
погремушка
rammelaar
кукольный домик
poppenhuis
подарок
cadeau

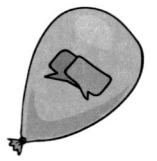

воздушный шар

ballon

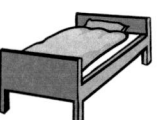

кровать

bed

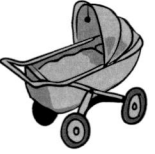

детская коляска

kinderwagen

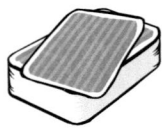

карточная игра

kaartspel

пазл

puzzel

SUPER
MEGA

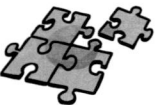

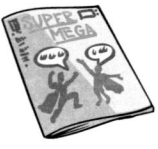

комикс

stripverhaal

кирпичики Лего

legostenen

кубики

speelgoedblokken

игрушечная фигурка

actiefiguurtje

ползунки

romper

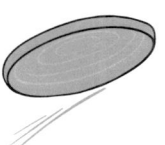

фрисби

frisbee

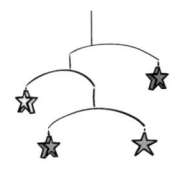

мобиле

mobile

настольная игра

bordspel

кубик

dobbelsteen

модель железной дороги

modeltrein

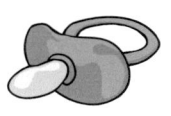

соска

speen

вечеринка

feestje

книга с картинками

prentenboek

мяч

bal

кукла

pop

играть

spelen

песочница

zandbak

качели

schommel

игрушка

speelgoed

игровая приставка

spelcomputer

трёхколесный велосипед

driewieler

плюшевый медвежонок

teddybeer

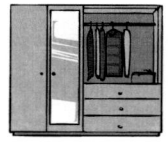

шкаф для одежды

kleerkast

одежда

kleding

носки

sokken

чулки

kousen

колготки

panty

шарф
sjaal

ремень
riem

зонтик
paraplu

футболка
T-shirt

кроссовки
sportschoenen

сапоги
laarzen

тапки
pantoffels

сандалии
sandalen

ботинки
schoenen

резиновые сапоги
rubberlaarzen

трусы
onderbroek

бюстгальтер
beha

майка
onderhemd

одежда - kleding

боди

body

брюки

broek

джинсы

spijkerbroek

юбка

rok

блузка

blouse

рубашка

overhemd

свитер

trui

свитер

hoody

спортивная куртка

blazer

жакет

jas

пальто

mantel

плащ

regenjas

костюм

kostuum

платье

jurk

свадебное платье

trouwjurk

мужской костюм

pak

ночная сорочка

nachthemd

пижама

pyjama

сари

sari

платок

hoofddoek

тюрбан

tulband

паранджа

boerka

кафтан

kaftan

абайя

abaja

купальник

zwempak

плавки

zwembroek

шорты

korte broek

спортивный костюм

trainingspak

фартук

schort

перчатки

handschoenen

пуговица

knoop

очки

bril

браслет

armband

цепочка

ketting

кольцо

ring

серьга

oorbel

шапка

pet

вешалка

kledinghanger

шляпа

hoed

галстук

stropdas

застежка молния

rits

шлем

helm

подтяжки

bretels

школьная форма

schooluniform

форма

uniform

детский нагрудник
....
slabbetje

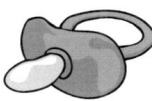

соска
....
speen

подгузник
....
luier

офис

kantoor

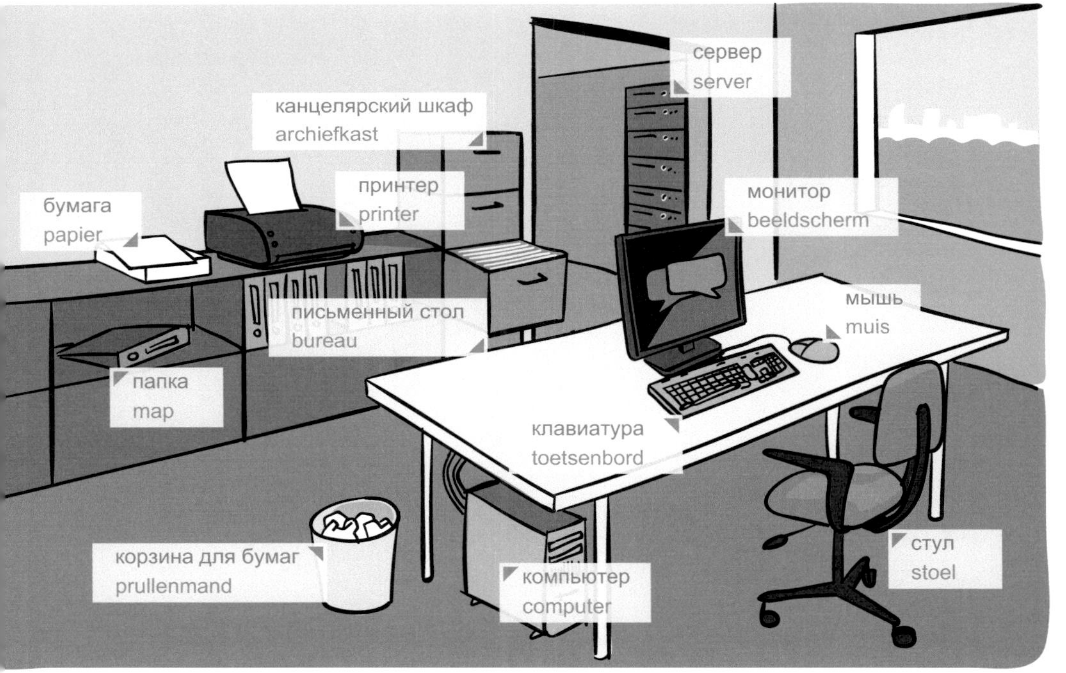

сервер
server

канцелярский шкаф
archiefkast

принтер
printer

монитор
beeldscherm

бумага
papier

письменный стол
bureau

мышь
muis

папка
map

клавиатура
toetsenbord

корзина для бумаг
prullenmand

компьютер
computer

стул
stoel

кофейная кружка
....
koffiemok

калькулятор
....
rekenmachine

интернет
....
internet

ноутбук

laptop

письмо

brief

сообщение

bericht

мобильный телефон

mobiele telefoon

сеть

netwerk

ксерокс

kopieermachine

программа

software

телефон

telefoon

розетка

stopcontact

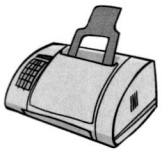

факс

fax

формуляр

formulier

документ

document

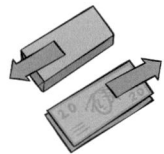

покупать

kopen

платить

betalen

торговать

handel drijven

деньги

geld

 USD
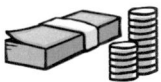

доллар

dollar

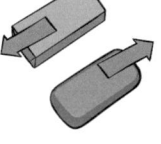 EUR
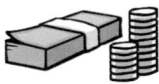

евро

euro

JPY

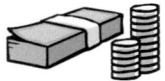

иена

yen

RUB

рубль

roebel

CHF

франк

Zwitserse frank

CNY

жэньминьби юань

renminbi yuan

INR

рупия

roepie

банкомат

geldautomaat

пункт обмена валюты

wisselkantoor

золото

goud

серебро

zilver

нефть

olie

энергия

energie

цена

prijs

договор

contract

налог

belasting

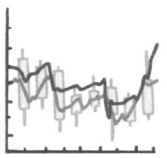

акция

aandeel

работать

werken

служащий

werknemer

работодатель

werkgever

фабрика

fabriek

магазин

winkel

экономика - economie

профессии
beroepen

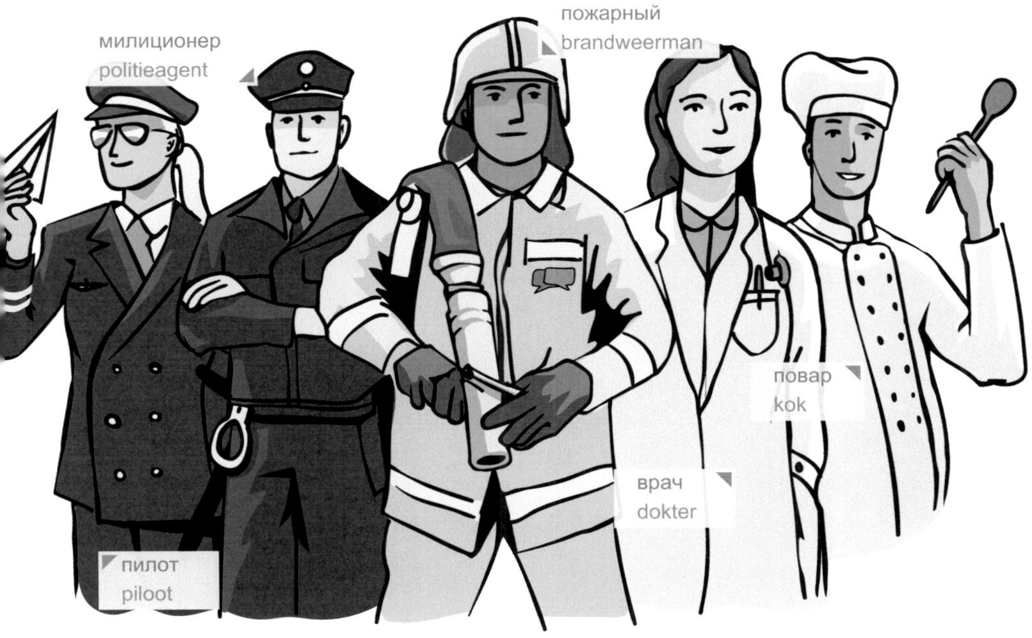
милиционер
politieagent
пожарный
brandweerman
повар
kok
врач
dokter
пилот
piloot

садовник

tuinman

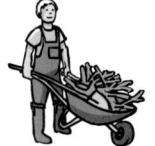

столяр

timmerman

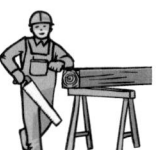

швея

naaister

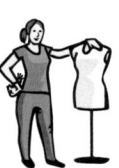

судья

rechter

химик

scheikundige

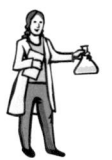

актёр

toneelspeler

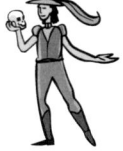

водитель автобуса

buschauffeur

таксист

taxichauffeur

рыбак

visser

уборщица

schoonmaakster

кровельщик

dakdekker

официант

ober

охотник

jager

художник

schilder

пекарь

bakker

электрик

elektricien

строитель

bouwvakker

инженер

ingenieur

мясник

slager

сантехник

loodgieter

почтальон

postbode

профессии - beroepen

солдат

soldaat

архитектор

architect

кассир

kassier

флорист

bloemist

парикмахер

kapper

кондуктор

conducteur

механик

monteur

капитан

kapitein

зубной врач

tandarts

ученый

wetenschapper

раввин

rabbi

имам

imam

монах

monnik

священник

pastoor

инструменты
gereedschap

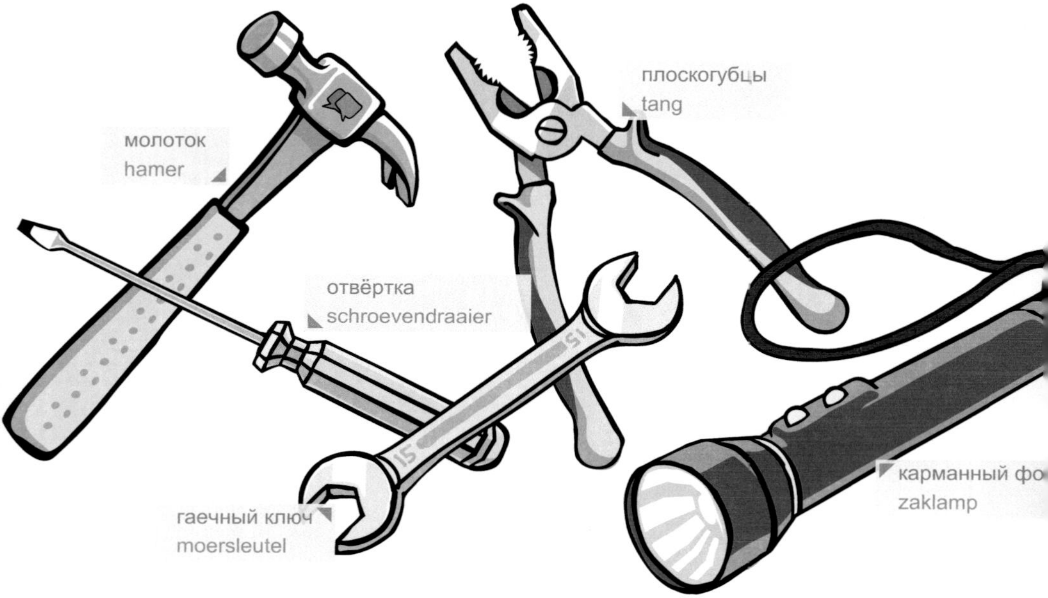
плоскогубцы
tang
молоток
hamer
отвёртка
schroevendraaier
гаечный ключ
moersleutel
карманный фо
zaklamp

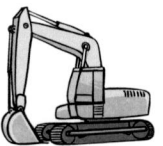

экскаватор

graafmachine

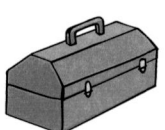

ящик для инструментов

gereedschapskist

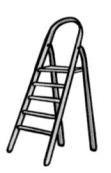

стремянка

ladder

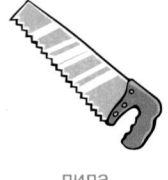

пила

zaag

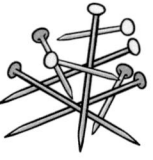

гвозди

spijkers

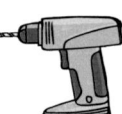

дрель

boor

ремонтировать

repareren

лопата

schep

Блин!

Verdorie!

совок

stofblik

ведро с краской

verfpot

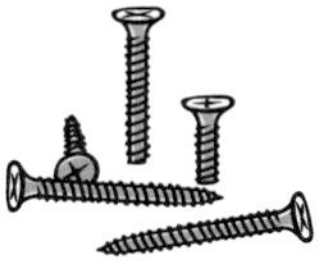

винты

schroeven

музыкальные инструменты
muziekinstrumenten

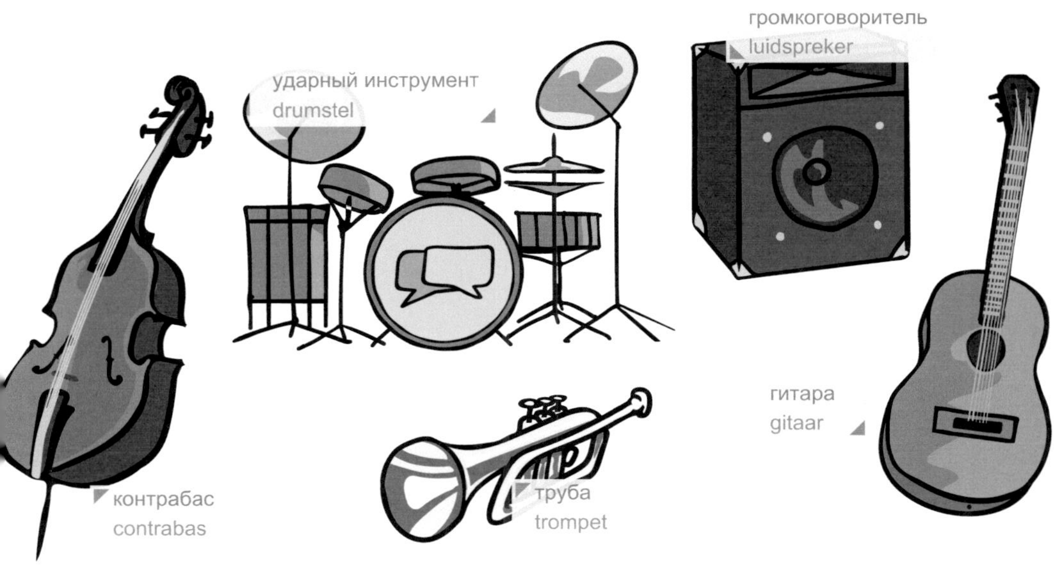

громкоговоритель

luidspreker

ударный инструмент

drumstel

контрабас

contrabas

труба

trompet

гитара

gitaar

пианино

piano

скрипка

viool

бас-гитара

bas

литавры

pauk

барабан

trommel

синтезатор

keyboard

саксофон

saxofoon

флейта

fluit

микрофон

microfoon

зоопарк
dierentuin

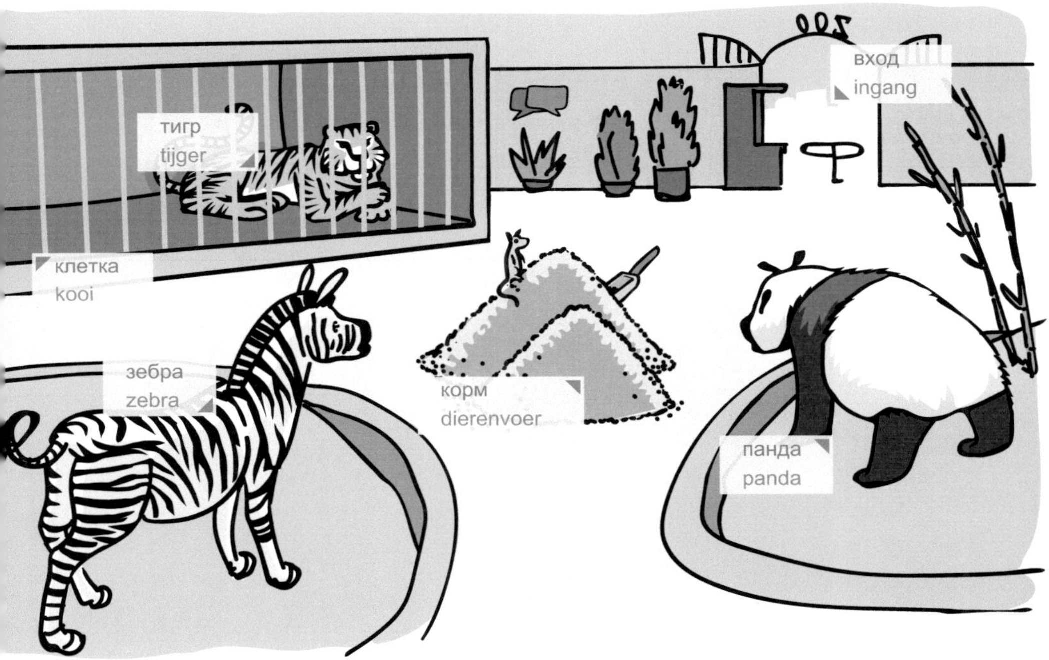

вход
ingang
тигр
tijger
клетка
kooi
зебра
zebra
корм
dierenvoer
панда
panda

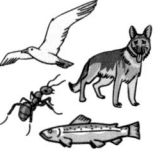

животные

dieren

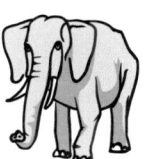

слон

olifant

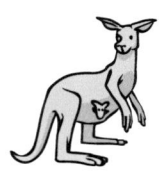

кенгуру

kangoeroe

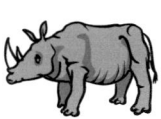

носорог

neushoorn

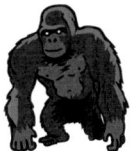

горилла

gorilla

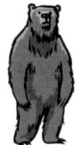

медведь

beer

верблюд

kameel

страус

struisvogel

лев

leeuw

обезьяна

aap

фламинго

flamingo

попугай

papegaai

белый медведь

ijsbeer

пингвин

pinguïn

акула

haai

павлин

pauw

змея

slang

крокодил

krokodil

служитель зоопарка

dierenverzorger

тюлень

zeehond

ягуар

jaguar

пони

pony

леопард

luipaard

бегемот

nijlpaard

жираф

giraffe

орёл

adelaar

кабан

wild zwijn

рыба

vis

черепаха

schildpad

морж

walrus

лиса

vos

газель

gazelle

американский футбол
American football

езда на велосипеде
wielrennen

теннис
tennis

баскетбол
basketbal

плавание
zwemmen

бокс
boksen

хоккей
ijshockey

футбол

voetbal

бадминтон

badminton

лёгкая атлетика

atletiek

гандбол

handbal

лыжный спорт

skiën

поло

polo

прыгать
springen

обнимать
knuffelen

смеяться
lachen

идти
lopen

петь
zingen

мечтать
dromen

молиться
bidden

целовать
kussen

писать
schrijven

рисовать
tekenen

показывать
tonen

нажимать
duwen

давать
geven

брать
oppakken

иметь
hebben

делать
doen

быть
zijn

стоять
staan

бежать
rennen

тянуть
trekken

бросать
gooien

падать
vallen

лежать
liggen

ждать
wachten

носить
dragen

сидеть
zitten

надевать
aankleden

спать
slapen

просыпаться
wakker worden

рассматривать

bekijken

плакать

huilen

гладить

strelen

причесывать

kammen

говорить

praten

понимать

begrijpen

спрашивать

vragen

слушать

horen

пить

drinken

кушать

eten

наводить порядок

opruimen

любить

houden van

готовить

koken

ехать

rijden

летать

vliegen

ходить под парусом

zeilen

считать

rekenen

читать

lezen

учиться

leren

работать

werken

вступать в брак

trouwen

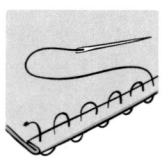

шить

naaien

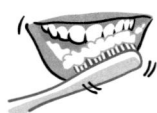

чистить зубы

tandenpoetsen

убивать

doden

курить

roken

отправлять

verzenden

бабушка
grootmoeder

дедушка
grootvader

папа
vader

мама
moeder

младенец
baby

дочь
dochter

сын
zoon

гость

gast

тетя

tante

дядя

oom

брат

broer

сестра

zus

тело
lichaam

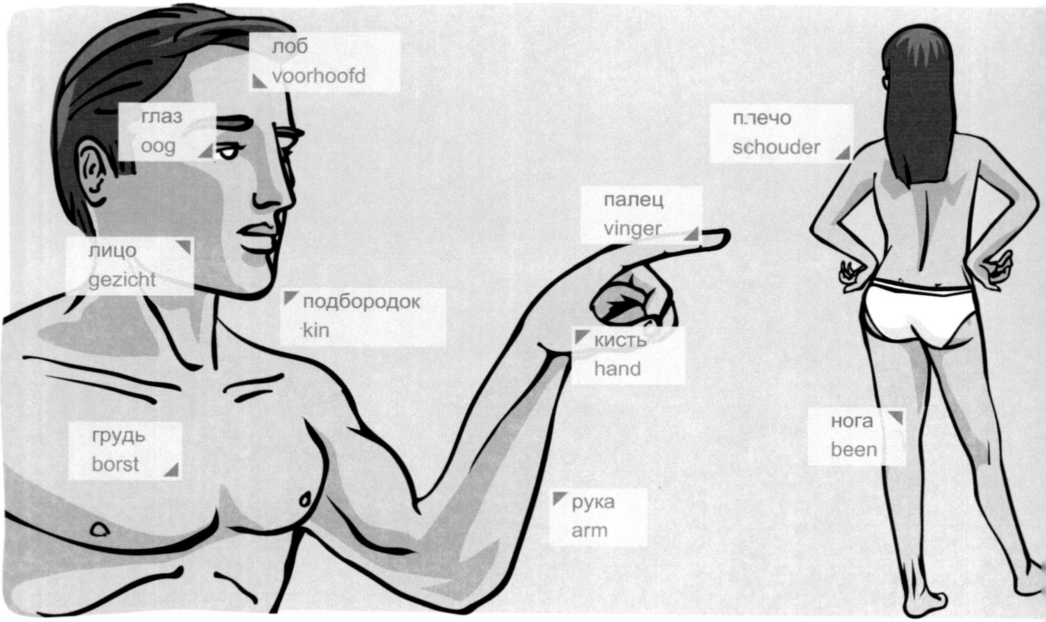

лоб
voorhoofd

глаз
oog

плечо
schouder

лицо
gezicht

палец
vinger

подбородок
kin

кисть
hand

грудь
borst

нога
been

рука
arm

младенец

baby

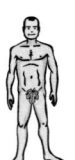

мужчина

man

женщина

vrouw

девочка

meisje

мальчик

jongen

голова

hoofd

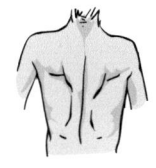

спина

rug

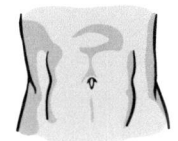

живот

buik

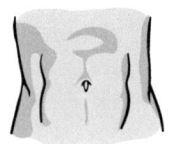

пупок

navel

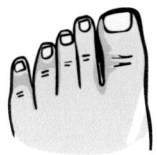

палец ноги

teen

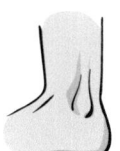

пятка

hiel

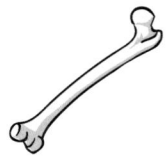

кость

bot

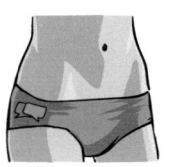

бедро

heup

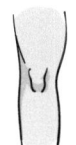

колено

knie

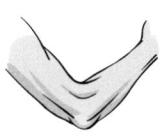

локоть

elleboog

нос

neus

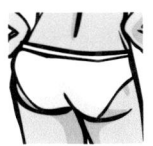

ягодицы

achterwerk

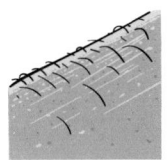

кожа

huid

щека

wang

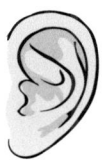

ухо

oor

губа

lippen

рот

mond

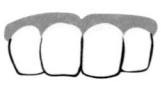

зуб

tand

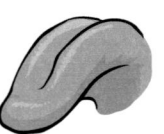

язык

tong

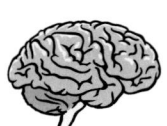

мозг

hersenen

сердце

hart

мышца

spier

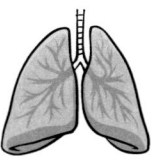

лёгкое

long

печень

lever

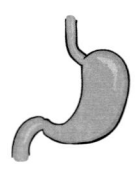

желудок

maag

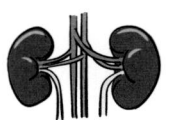

почки

nieren

половой акт

geslachtsgemeenschap

презерватив

condoom

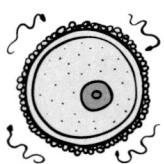

яйцеклетка

eicel

сперма

sperma

беременность

zwangerschap

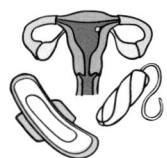

менструация

menstruatie

вагина

vagina

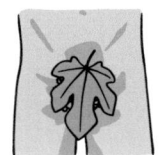

пенис

penis

бровь

wenkbrauw

волосы

haar

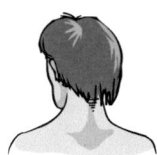

шея

hals

больница
ziekenhuis

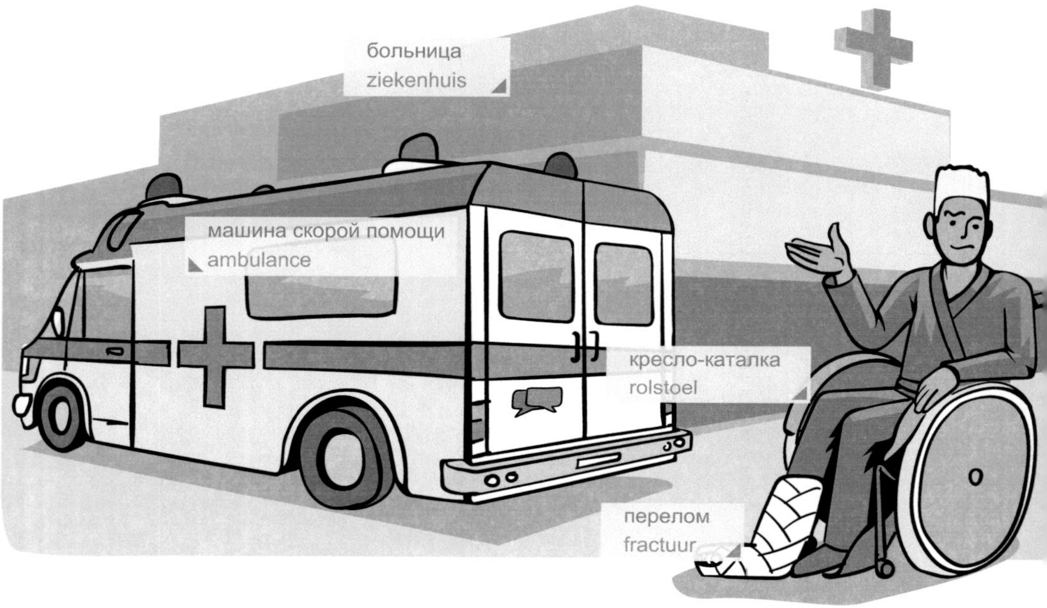

больница
ziekenhuis

машина скорой помощи
ambulance

кресло-каталка
rolstoel

перелом
fractuur

врач

dokter

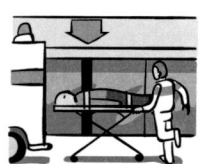

пункт первой помощи

EHBO

медсестра

verpleegster

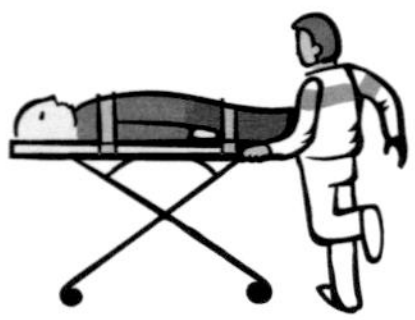

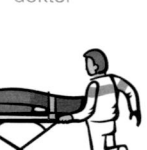

неотложный случай

noodgeval

без сознания

bewusteloos

боль

pijn

повреждение

verwonding

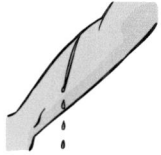

кровотечение

bloeding

инфаркт

hartaanval

инсульт

beroerte

аллергия

allergie

кашель

hoest

овышенная температура

koorts

грипп

griep

понос

diarree

головная боль

hoofdpijn

рак

kanker

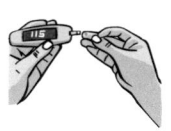

диабет

diabetes

хирург

chirurg

скальпель

scalpel

операция

operatie

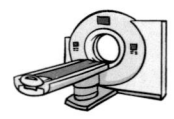

КТ

CT

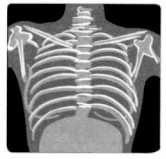

рентген

röntgen

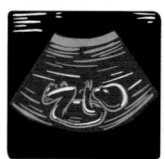

ультразвук

echografie

маска

gezichtsmasker

болезнь

ziekte

приёмная

wachtkamer

костыль

kruk

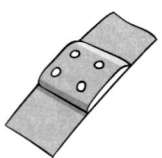

пластырь

pleister

бинт

verband

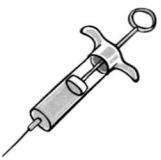

укол

injectie

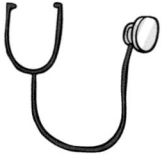

стетоскоп

stethoscoop

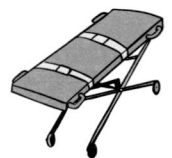

носилки

brancard

термометр

thermometer

рождение

geboorte

избыточный вес

overgewicht

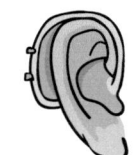

слуховой аппарат

gehoorapparaat

дезинфекционное
средство
ontsmettingsmiddel

инфекция

infectie

вирус

virus

ВИЧ / СПИД

HIV / AIDS

лекарство

medicijn

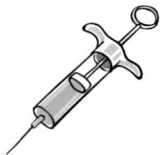

прививка

inenting

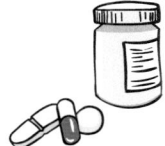

таблетки

tabletten

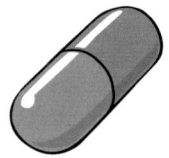

противозачаточная
таблетка

pil

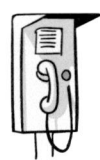

экстренный вызов

alarmnummer

прибор для измерения
кровяного давления

bloeddrukmeter

больной / здоровый

ziek / gezond

Помогите!

Help!

сигнал тревоги

alarm

нападение

overval

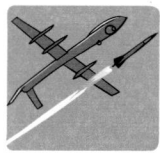

атака

aanval

опасность

gevaar

запасной выход

nooduitgang

Пожар!

Brand!

огнетушитель

brandblusser

несчастный случай

ongeluk

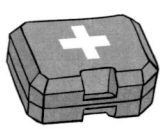

аптечка

EHBO-koffer

SOS

SOS

милиция

politie

Европа

Europa

Северная Америка

Noord-Amerika

Южная Америка

Zuid-Amerika

Африка

Afrika

Азия

Azië

Австралия

Australië

Атлантический океан

Atlantische Oceaan

Тихий океан

Stille Oceaan

Индийский океан

Indische Oceaan

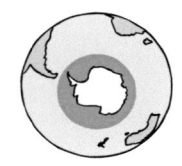

Антарктический океан

Zuidelijke Oceaan

Северный Ледовитый океан

Noordelijke IJszee

Северный полюс

Noordpool

Южный полюс

Zuidpool

Антарктика

Antarctica

земля

aarde

суша

land

море

zee

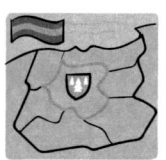

остров

eiland

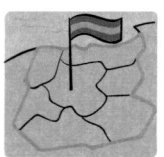

нация

natie

государство

staat

земля - aarde

циферблат

wijzerplaat

часовая стрелка

uurwijzer

минутная стрелка

minutenwijzer

секундная стрелка

secondewijzer

Который час?

Hoe laat is het?

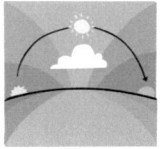

день

dag

время

tijd

сейчас

nu

электронные часы

digitaal horloge

минута

minuut

час

uur

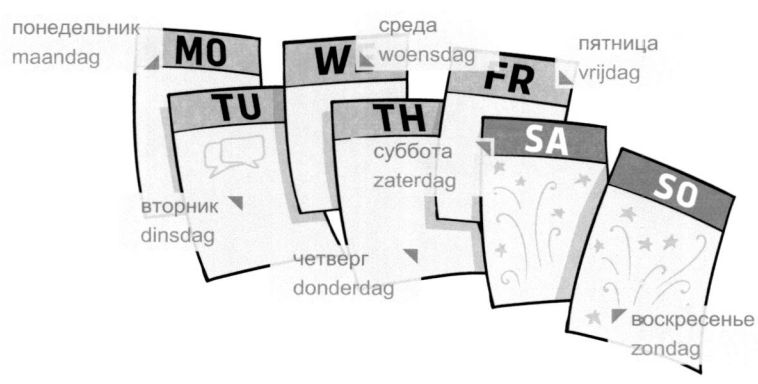

понедельник
maandag

среда
woensdag

пятница
vrijdag

вторник
dinsdag

суббота
zaterdag

четверг
donderdag

воскресенье
zondag

вчера

gisteren

сегодня

vandaag

завтра

morgen

утро

ochtend

полдень

middag

вечер

avond

рабочие дни

werkdagen

выходные

weekend

дождь
regen

радуга
regenboog

снег
sneeuw

ветер
wind

весна
voorjaar

осень
herfst

лето
zomer

зима
winter

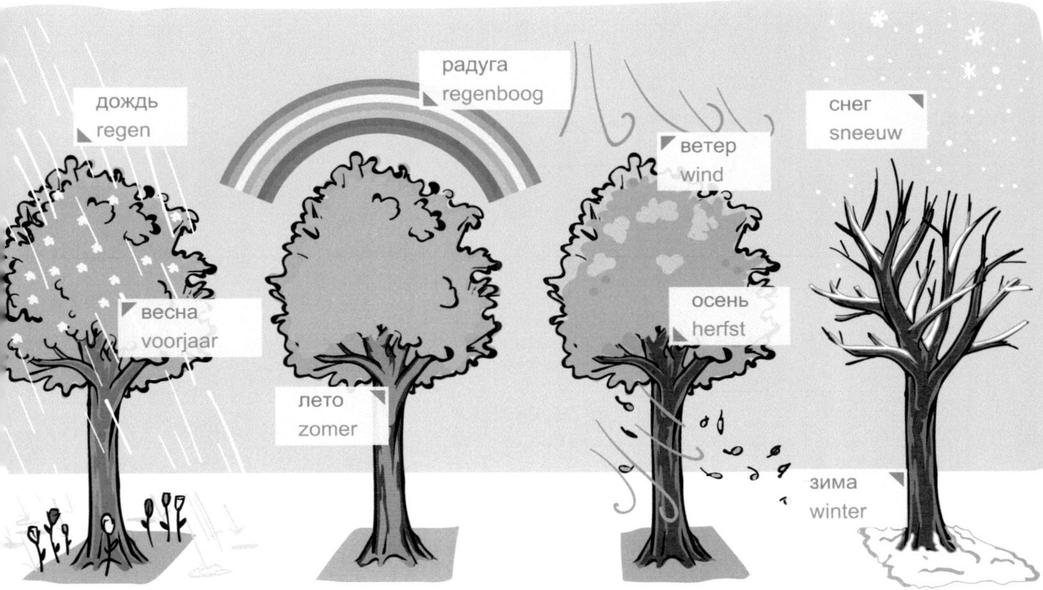

прогноз погоды

weerbericht

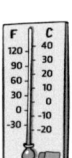

термометр

thermometer

солнечный свет

zonneschijn

туча

wolk

туман

mist

влажность воздуха

luchtvochtigheid

молния

bliksem

гром

donder

буря

storm

град

hagel

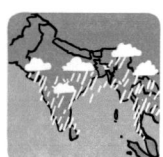

муссон

moesson

наводнение

overstroming

лёд

ijs

январь

januari

февраль

februari

март

maart

апрель

april

май

mei

июнь

juni

июль

juli

август

augustus

сентябрь

september

октябрь

oktober

ноябрь

november

декабрь

december

формы

vormen

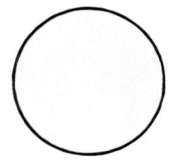

круг

cirkel

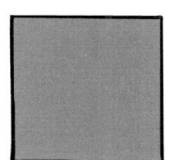

квадрат

vierkant

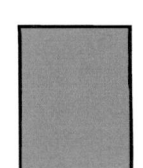

прямоугольник

rechthoek

треугольник

driehoek

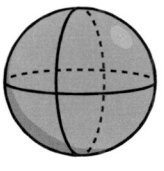

шар

bol

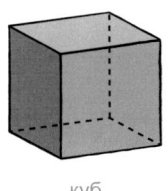

куб

kubus

белый

wit

желтый

geel

оранжевый

oranje

розовый

roze

красный

rood

лиловый

paars

синий

blauw

зелёный

groen

коричневый

bruin

серый

grijs

черный

zwart

много / мало

veel / weinig

яростный / мирный

boos / rustig

красивый / уродливый

mooi / lelijk

начало / конец

begin / einde

большой / маленький

groot / klein

светлый / темный

licht / donker

брат / сестра

broer / zus

чистый / грязный

schoon / vies

полный / неполный

volledig / onvolledig

день / ночь

dag/ nacht

мёртвый / живой

dood / levend

широкий / узкий

breed / smal

съедобный / несъедобный

eetbaar / oneetbaar

злой / дружелюбный

gemeen / aardig

взволнованный /
скучающий

opgewonden / verveeld

толстый / худой

dik / dun

сначала / в конце

eerste / laatste

друг / враг

vriend / vijand

полный / пустой

vol / leeg

твёрдый / мягкий

hard / zacht

тяжёлый / легкий

zwaar / licht

голод / жажда

honger / dorst

больной / здоровый

ziek / gezond

незаконный / законный

illegaal / legaal

умный / глупый

intelligent / dom

слева / справа

links / rechts

близко / далеко

dichtbij / ver

новый / подержанный

nieuw / gebruikt

ничто / нечто

niets / iets

старый / молодой

oud / jong

включено / выключено

aan / uit

открыто / закрыто

open / gesloten

тихо / громко

zacht / luid

богатый / бедный

rijk / arm

правильный /
неправильный
goed / fout

шероховатый / гладкий

ruw / glad

печальный / счастливый

verdrietig / gelukkig

короткий / длинный

kort / lang

медленный / быстрый

langzaam / snel

мокрый / сухой

nat / droog

тёплый / прохладный

warm / koel

война / мир

oorlog / vrede

цифры
getallen

0

ноль

nul

1

один

één

2

два

twee

3

три

drie

4

четыре

vier

5

пять

vijf

6

шесть

zes

7

семь

zeven

8

восемь

acht

9

девять

negen

10

десять

tien

11

одиннадцать

elf

12

двенадцать

twaalf

13

тринадцать

dertien

14

четырнадцать

veertien

15

пятнадцать

vijftien

16

шестнадцать

zestien

17

семнадцать

zeventien

18

восемнадцать

achttien

19

девятнадцать

negentien

20

двадцать

twintig

100

сто

honderd

1.000

тысяча

duizend

1.000.000

миллион

miljoen

английский

Engels

американский английский

Amerikaans Engels

мандаринский китайский

Chinees Mandarijn

хинди

Hindi

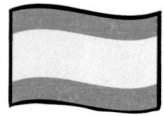

испанский

Spaans

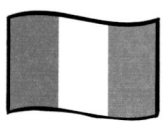

французский

Frans

арабский

Arabisch

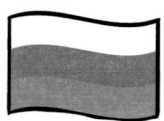

русский

Russisch

португальский

Portugees

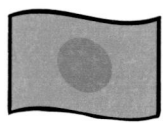

бенгальский

Bengalees

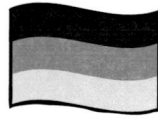

немецкий

Duits

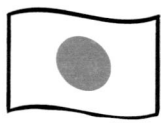

японский

Japans

я
ik

ты
jij

он / она / оно
hij / zij / het

мы
wij

вы
jullie

они
zij

кто?
wie?

что?
wat?

как?
hoe?

где?
waar?

когда?
wanneer?

HELLO, I AM

имя
naam

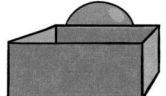

за
achter

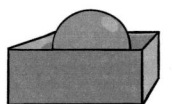

в
in

перед
voor

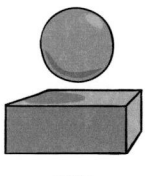

над
boven

на
op

под
onder

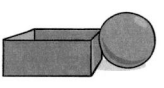

рядом
naast

между
tussen

место
plaats